ORAISON FUNEBRE

DE MONSEIGNEUR

DENIS-AUGUSTE AFFRE,

ARCHEVÊQUE DE PARIS.

PARIS. — TYPOGRAPHIE DE FIRMIN DIDOT FRÈRES,
RUE JACOB, 56.

ORAISON FUNEBRE

DE MONSEIGNEUR

DENIS-AUGUSTE AFFRE,

ARCHEVÊQUE DE PARIS,

PRONONCÉE EN L'ÉGLISE MÉTROPOLITAINE DE PARIS,
LE 7 AOUT 1848,

PAR M. L'ABBÉ CŒUR,
CHANOINE TITULAIRE DE L'ÉGLISE DE PARIS,
DOCTEUR EN THÉOLOGIE.

Fecit mihi magna qui potens est.
Celui qui est puissant a fait en moi de grandes
choses. (S. Luc, 1.)

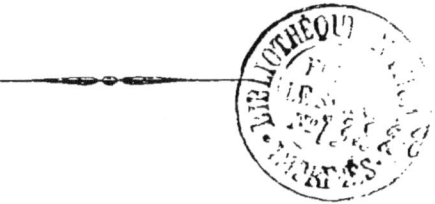

PARIS,
JACQUES LECOFFRE ET CIE, LIBRAIRES,
RUE DU VIEUX-COLOMBIER, 29,
Ci-devant rue du Pot-de-Fer Saint-Sulpice, 8.

1848.

NOTICE DE L'ÉDITEUR

SUR MONSEIGNEUR

DENIS-AUGUSTE AFFRE,

ARCHEVÊQUE DE PARIS.

Mgr Denis-Auguste Affre naquit à Saint-Rome de Tarn, diocèse de Rhodez, département de l'Aveyron, le 28 septembre 1793. Sa famille, l'une des plus honorables et des plus considérées de la province, était unie par des alliances à M. Clausel de Coussergue, ancien député; à Mgr Clausel de Montals, évêque de Chartres; à Mgr Frayssinous, évêque d'Hermopolis. Il était neveu de M. Boyer, célèbre directeur du séminaire de Saint-Sulpice. Il fit ses premières études au collége de Sainte-Affrique, et dès l'âge de quatorze ans il était admis à Saint-Sulpice pour y faire son cours de philosophie. Il fut pendant quelques années le plus jeune des disciples de cette sainte maison, dirigée encore par le vénérable M. Émery. Denis-Auguste fut distingué par l'illustre vieillard, qui lui donna toujours des témoignages particuliers de bienveillance.

En 1816, M. Affre, quoiqu'il n'eût pas encore reçu tous les ordres sacrés, fut envoyé à Nantes comme professeur de philosophie. Il passa deux ans dans l'exercice de ces fonctions. En 1818 il revint à Paris pour se préparer à la prêtrise : mais avant de l'avoir reçue il fut appelé à professer la théologie. Il donnait avec un grand succès les leçons de cette science, sa santé ne lui permit pas de les continuer.

Il avait vingt-sept ans quand il reçut de Mgr Soyer, évêque de Luçon, des lettres de vicaire général. De 1820 à 1822, il fut tout entier à ses nouveaux devoirs. En 1822, Mgr de Chabons, évêque d'Amiens, l'appela près de lui en qualité de grand vicaire. C'est dans ce diocèse que M. Affre fit sa plus longue résidence continue : il y demeura près de douze années. Il portait presque seul, à cause des infirmités du prélat, tout le poids du gouvernement. Il a laissé dans cette église les traces d'une administration éclairée et vigilante. Ce fut là qu'il écrivit son savant *Traité de l'administration temporelle des paroisses.* Son mérite avait attiré sur lui l'attention du pouvoir. En 1826, Mgr Frayssinous voulut le faire entrer au conseil d'État comme maître des requêtes ; en 1828, Mgr Feutrier lui fit proposer la secrétairerie générale du ministère des affaires ecclésiastiques ; en 1829, M. de Montbel songea à le nommer chef de son cabinet. Il refusa tous ces honneurs. En 1834, M. Affre s'étant rendu à Paris pour surveiller l'impression d'un de ses ouvrages, Mgr de Quélen lui offrit un titre de chanoine avec des lettres de grand vicaire. Il accepta, et Dieu lui donna bientôt après l'occasion de témoigner sa reconnaissance au prélat et son dévouement à l'Église. Dans les débats qui ne tardèrent pas à s'élever pour la possession du terrain de l'archevêché de Paris, son livre *sur la propriété des biens ecclésiastiques*, plein de verve, de talent et de savoir, eut encore le mérite d'une intervention puissante et courageuse.

Mgr Lepape de Trevern, évêque de Strasbourg, sollicitait depuis quelque temps la nomination de M. Affre en qualité de coadjuteur de son siége : le gouvernement résistait, et ce fut seulement trois ans plus tard que cette demande, soutenue par Mgr Sibour, promu récemment à l'évêché de Digne, fut enfin couronnée de succès.

Le coadjuteur élu se préparait à remplir sa nouvelle mission quand tout à coup, le 31 décembre 1839, Dieu rappela à lui Mgr de Quélen, archevêque de Paris. Le lendemain, M. Affre était nommé par le chapitre métropolitain premier vicaire général capitulaire. Bientôt après, dans les premiers jours de juin 1840, il apprenait que le gouvernement venait de le désigner à Rome pour l'archevêché de Paris. Il fut sacré dans sa cathédrale le 6 août, fête de la Transfiguration de Notre-Seigneur, par son éminence le cardinal de Latour d'Auvergne, évêque d'Arras. Il n'avait pas tout à fait achevé la huitième année de son épiscopat, quand, au milieu d'une lutte sanglante qu'il venait apaiser, le 25 juin 1848, il fut blessé mortellement sur une barricade du faubourg Saint-Antoine. Il rendit le dernier soupir, le surlendemain 27, à quatre heures et demie du soir.

Les détails de cet événement si terrible à la fois et si beau sont maintenant connus du monde entier.

ORAISON FUNÈBRE

DE MONSEIGNEUR

DENIS-AUGUSTE AFFRE,

ARCHEVÊQUE DE PARIS.

Messeigneurs (1),

Messieurs,

Il y a huit ans aujourd'hui, l'archevêque de Paris recevait l'onction sainte! Nous étions dans ces mêmes lieux, sous les voûtes de cette basilique, qui lui sert maintenant de tombeau. L'éminent cardinal qui est venu offrir, pour le repos de son âme, la divine victime, lui imprimait la consécration, et faisait descendre sur sa tête les grâces que le ciel réserve à ses

---

(1) Son éminence Mgr le cardinal de Latour d'Auvergne, évêque d'Arras, et NN. SS. les évêques de Gand, d'Orléans, de Versailles, de Langres et de Quimper.

pontifes. O saintes joies qui pénétraient nos cœurs! ô magnifiques espérances! ô Église de Paris! combien d'années de force et de grandeur nous faisions naître pour vous sous ce gouvernement! Comme tout est changé! que nos émotions étaient douces, et qu'elles sont amères! Quelle pompe nous vîmes alors, et quelle pompe nous voyons aujourd'hui! Il n'est plus avec nous, sa place est restée vide; sa mémoire seulement nous protége, et son cœur, son noble cœur, enfermé dans cette urne, vient encore nous animer une dernière fois, et bénir sa famille, assemblée pour lui rendre hommage.

Oh! nous avions bien cru pouvoir fêter autrement cet anniversaire sacré! je m'apprêtais à des discours bien différents de celui que vous allez entendre! et ce n'est pas sans une profonde émotion que je viens accomplir ce pieux ministère.

Mais il ne faut pas tant songer à nous-mêmes et à nos douleurs; prenons de plus haut des événements qui se trouvent mêlés aux destinées de la patrie, et ne nous plaignons pas que nos cœurs aient ressenti une atteinte cruelle, si la même chose qui nous a déchirés a servi efficacement les intérêts de l'Église et du monde.

C'est à ce point de vue que je dois me placer aujourd'hui, Messieurs; et à cette élévation, je l'avoue, ce qu'embrassent mes regards est si beau, que je n'éprouve rien de cet embarras toujours permis à celui qui vient parler d'un homme, et qui fait qu'on retient sa parole, de peur qu'elle s'emporte trop avant dans l'éloge : la voix publique a devancé la mienne, et, quoi que je puisse dire, je resterai encore au-dessous de ce qu'on attend; je n'ai pas à craindre qu'on m'accuse d'avoir exagéré, mais bien plutôt de n'avoir point exprimé assez les sentiments universels, les regrets et l'admiration de la France.

Et en effet, Messieurs, *celui qui est puissant* vient de montrer à nos jours de *grandes choses*.

Nous avions un pontife savant et magnanime; il semblait nécessaire à l'Église de France, qu'il soutenait de ses conseils, de sa fermeté, de son expérience, dont il était, dans cette cité souveraine, le ministre éclairé, le défenseur infatigable. On aurait pu croire qu'il était formé tout exprès pour assurer, dans les travaux de nouvelle organisation, ses justes rapports avec les temps modernes; on se plaisait à le voir, au milieu des tempêtes, comme une solide colonne, inébranlable appui de l'édifice, et tout à coup le voilà qui tombe lui-même, emporté dans l'orage. Est-ce que son ministère est fini? est-ce que nos espérances étaient vaines? Gardez-vous de le croire, Messieurs: il devient plus puissant par la mort; il achève en une heure le travail de toute une vie; il meurt, mais, comme son Maître divin, en mourant il triomphe, et l'on voit aussitôt la religion et la patrie qui viennent s'embrasser sur sa tombe!

Il a été utile et grand dans sa vie, il a été plus utile encore et plus grand dans sa mort; dans sa vie il a resserré l'alliance de la patrie et de la religion, dans sa mort il a consommé l'alliance de la patrie et de la religion.

C'est ce que nous verrons dans ce discours, consacré à la mémoire de Mgr Denis-Auguste Affre, archevêque de Paris.

PREMIÈRE PARTIE.

Qui ne sait, Messieurs, que la France fut toujours religieusement soumise à l'empire du Christ? Elle eut ce caractère dès le commencement par-dessus toutes les nations du monde, et ce fut aussi la cause de sa gloire.

Cependant tout à coup cette alliance, naguère si étroite, parut se relâcher. Il s'éleva des hommes aveugles qui ne connurent pas ce qui fait la chaîne et le lien des âges, qui ne surent pas distinguer entre ces formes d'organisation qui vieillissent et meurent selon l'âge du monde et ces principes sacrés dont la jeunesse est éternelle, qui sont à toutes les époques comme le cœur de l'humanité et l'âme de sa vie. Ils dénoncèrent la religion comme l'implacable ennemie des temps modernes qu'elle avait préparés, de tous les chefs-d'œuvre de grandeur sociale qu'elle avait inspirés : ils firent accepter leurs défiances par de faibles esprits. Il y eut une heure d'angoisse où, dans une partie de la France, on se prit à douter. Tous les liens les plus sacrés se dénouaient l'un après l'autre; on avait rejeté d'abord l'autorité de l'Église, puis la divinité du Christ; d'autres, plus audacieux, dérobaient à Dieu même son nom pour le donner à la nature; la morale, désormais sans appui, croulait avec le dogme, et on entendait comme un bruit lointain de tempêtes soulevées contre les droits de la famille, de la propriété, de la civilisation tout entière! Tant l'abime est glissant! tant il est difficile de s'arrêter dans les voies de l'erreur, une fois qu'on a rompu avec la religion!

Mais Dieu, pour y mettre des bornes, songeait à rétablir cette alliance dont la rupture avait été si fatale. On voyait éclater partout des signes de sa providence. Il envoyait aux âmes élevées une secrète grâce qui les inclinait au respect et à l'amour du Christ; il suscitait de grands écrivains pour éclairer les profondeurs où le doute avait pris ses racines; il inspirait à ses ministres un esprit de haute sagesse; et pour dissiper enfin tous les nuages, il choisit un illustre pape dans les trésors les plus saints de sa miséricorde, puis, sous le nom de Pie IX, nom immortel désormais quelle que puisse être la fortune, il l'envoya sur la terre pour achever l'édifice des temps nouveaux, le consacrer de son autorité suprême, et l'asseoir sur les fondements assurés du christianisme.

Tel était donc, Messieurs, le conseil de la Providence pour resserrer dans le monde, et surtout dans notre patrie, l'alliance de toutes les âmes avec la religion. Ce fut la gloire de Mgr Affre d'avoir été choisi pour contribuer à ce magnifique travail.

L'archevêque de Paris, Messieurs, reçoit du siége

qu'il occupe une merveilleuse puissance pour le bien de la religion. Il gouverne une Église fameuse qui recrute ses fidèles partout et présente comme un abrégé des illustrations de la France ; il commande à un clergé où abondent les hommes éminents, où l'on est exercé aux grandes choses par les moindres travaux du ministère, autant qu'on le serait ailleurs par les plus éclatantes fonctions ; il a cet avantage de juger les choses humaines sur le théâtre même où elles s'accomplissent, de pouvoir éclairer ses conseils par les plus brillantes lumières de la nation réunies dans la cité reine. C'est naturellement de son côté que se tournent les regards des chrétiens. Son droit strict ne dépasse pas les limites de son diocèse ; par une libre disposition des hommes, sa parole retentit dans l'Europe entière avec autorité. Sans que personne le veuille, et sans qu'il le demande, il se communique à lui quelque chose de la souveraineté de cette capitale.

Aussi, Messieurs, la Providence veille avec plus d'amour sur la succession de cette race auguste de pontifes. Quelquefois elle va les chercher dans les plus humbles rangs du peuple, comme elle fit pour le célèbre Maurice, de Sully (1), venu pauvre à Paris, à pied, un

---

(1) Sa vieille mère était venue à Paris pour le voir. Quelques femmes à qui elle avait demandé dans la rue l'adresse de son fils, la voyant mal vêtue, lui donnèrent des habits plus propres et la conduisirent chez l'évêque. « Je suis ta mère, s'écria-t-elle en entrant. — Toi, ma mère, répondit Maurice, cela n'est pas possible ; ma mère ne porte que de la bure, tu n'es pas elle. » Les femmes furent obligées de l'emmener, et de lui rendre son bâton et ses premiers habits ; puis, lorsqu'elle revint ainsi vêtue chez Maurice, il ôta son bonnet,

bâton à la main, et dont la mémoire vivra aussi longtemps que cette magnifique cathédrale, dont il fut le premier fondateur ; d'autres fois elle s'adresse à d'anciennes familles et leur demande pour le sanctuaire un peu de ce sang qu'elles prodiguèrent toujours si volontiers sur les champs de bataille ; on voit apparaître alors les Noailles, Christophe de Beaumont, Juigné, Périgord, et Quélen de si noble et si douce mémoire; mais en quelque situation qu'il plaise à Dieu de les choisir, il veut qu'on les reconnaisse tous à un caractère élevé de vertu ; et il leur distribue des mérites divers dans la mesure qui leur est nécessaire pour qu'ils puissent accomplir ses desseins.

On en vit une éclatante preuve quand, après la mort de Mgr de Quélen, il fallut remplacer sur le siége de Paris ce vénéré pontife.

Il y avait alors dans l'Église de France, et parmi les membres de ce chapitre métropolitain de Paris qu'il ne me convient pas de louer, mais qu'il ne m'est pas permis de nommer sans respect, un homme dont la renommée était déjà grande au sein d'une vie modeste. Il était né dans ce pays de l'Aveyron où tout est vigoureux, le soleil, la nature et les âmes, où l'énergie des caractères atteste une race puissante. Dieu l'avait fait sortir d'une de ces familles simples et respectées, où des traditions immémoriales d'honneur et de vertu, une suite patriarcale d'ancêtres, une longue

l'embrassa et dit : « Maintenant je reconnais ma mère. » (Hurter, *Tableau des Instit. de l'Église,* tom. 1er, pag. 375.)

influence toujours bien exercée, ont établi une véritable noblesse (1). Il avait grandi à côté des gloires les plus brillantes et les plus pures de l'Église de France (2). Je vous nommerai entre les autres, illustre évêque d'Hermopolis, à jamais béni parmi nous, qui avez laissé dans les chaires de la capitale, dans le conseil des rois, dans l'assemblée du peuple, de si admirables souvenirs de sagesse, de modération, d'éloquence! Il vous avait trouvé comme un prophète auprès de son berceau! O mon Dieu, vous aviez voulu qu'il vît pour la première fois, en compagnie de ce prélat, l'église que vous lui aviez destinée! Le glorieux défenseur de la foi introduisait à Paris le futur archevêque! Il l'amenait par la main dans cette cathédrale où il devait avoir quelque jour le trône des pontifes, où il aurait éternellement les honneurs du martyre!

Voilà donc sous quels auspices il s'était présenté à Paris. On put bientôt le juger lui-même. Pendant une assez longue suite d'années consacrées à l'étude ou à l'enseignement, il avait amassé des trésors d'érudition et déployé des facultés puissantes dans cette merveilleuse science de la théologie, dont on ne soupçonne guère de nos jours l'élévation ni la sublimité, qui donne à l'esprit humain des lumières supérieures et

(1) Le chef de cette famille est aujourd'hui M. Affre, frère de Mgr l'archevêque de Paris, ancien magistrat, représentant de l'Aveyron.

(2) Mgr Affre était le neveu de M. Boyer, célèbre directeur de Saint-Sulpice, l'un des plus savants théologiens de nos jours. Il était uni par le sang ou par des alliances à Mgr Frayssinous, évêque d'Hermopolis, et à Mgr Clausel de Montals, évêque de Chartres.

2.

le forme à des coutumes de bon sens, de sagesse, de parfaite rectitude en tout, devenues si rares en ce siècle, où l'imagination semble vouloir demeurer maitresse de la vie.

La haute idée qu'on avait de lui dans les séminaires l'avait depuis longtemps indiqué à l'estime, à l'admiration du clergé. Plus tard, de savants écrits étaient venus consacrer sa renommée et l'avaient portée dans le monde. Il avait été désigné pour le conseil d'État (1); on pouvait aussi voir les traces bénies de son passage dans l'administration de plusieurs diocèses (2). On l'avait trouvé toujours prêt à servir la vérité, quel que fût le péril, et sans nul souci de ses intérêts d'avenir. Son livre sur la propriété des biens ecclésiastiques n'avait pas été seulement un chef-d'œuvre de discussion et de savoir, mais, ce qui vaut mieux encore, un chef-d'œuvre de courage. Son nom était de plus en plus invoqué comme une autorité. On s'étonnait de toute part que celui qui honorait tant l'Église par ses vertus et sa doctrine, qui avait exposé avec tant de profondeur les règles de son gouvernement et les avait appliquées avec tant de sagesse, ne fût pas assis encore au rang des pontifes; des évêques avaient sollicité vainement le bonheur de partager avec lui leur charge pastorale; enfin, sur les vives instances d'un prélat que nos cœurs attendent (3), qui était fait pour sentir ce

(1) Par Mgr l'évêque d'Hermopolis, en 1826.
(2) Luçon, et surtout Amiens, où il gouverna presque seul durant onze années de la vieillesse du vénérable Mgr de Chabons.
(3) Mgr Sibour, évêque de Digne, archevêque nommé de Paris.

mérite, puisque Dieu l'avait jugé digne d'en continuer l'éclat sur le même siége, on avait consenti de l'accorder, comme coadjuteur, aux vœux du vénérable évêque de Strasbourg (1).

Mais tant de rares qualités qui le distinguent, cette élévation d'âme, ce courage, cet amour invincible du vrai, toutes ces qualités si parfaites que les chrétiens des premiers siècles seraient allés chercher au bout du monde pour les porter de vive force au premier rang du sacerdoce, dans les circonstances où l'on était alors, ne devaient-elles pas le tenir écarté du siége de Paris?

Peut-être qu'on aurait eu, pour juger de la sorte, des motifs d'une assez plausible apparence; mais quand la Providence veut, y a-t-il des obstacles? Il se trouva un jour des ministres qui ne pensèrent pas qu'un grand caractère eût cessé d'être à la mesure de la France; et le coadjuteur de Strasbourg fut nommé à l'archevêché de Paris! Oh! ce moment fut bien heureux pour nous! Lui, simple et vrai comme toujours, il prit noblement le fardeau, tout prêt à le quitter plus noblement encore.

Nous avons dit, Messieurs, qu'il avait été choisi pour contribuer à un travail divin et resserrer l'alliance de la patrie et de la religion. Il fut fidèle à cette tâche.

Que s'était-il passé en France? Quels nuages avaient obscurci aux regards la majesté du christianisme? Quels moyens si heureux pouvaient les dissiper? Il

---

(1) Mgr Lepape de Trevern.

fallait d'abord se fixer sur ce point, et voici quel fut le jugement de l'archevêque de Paris : les uns ne voyaient plus dans le christianisme qu'une forme arbitraire de la pensée humaine; il résolut pour eux d'établir le droit qui le constitue loi souveraine de l'univers moral en les éclairant sur la vérité de ses titres; d'autres se plaignaient de ne pas reconnaître dans l'application du christianisme aux choses de la vie, dans son action de tous les jours, ce caractère essentiel à la loi souveraine de l'univers moral, d'être liée invariablement à l'humanité tout entière, séparée de la politique et élevée au-dessus des partis : il résolut de le manifester à ceux-là dans toute la réalité de son grand caractère. Ce fut la constante préoccupation de l'archevêque de Paris, et l'âme de tous les travaux de son épiscopat.

Les titres du christianisme, Messieurs, sont partout dans le monde. Depuis Éden jusqu'à Jérusalem, ils sont mêlés aux traditions des peuples, ils retentissent dans les cris éloquents des prophètes; ils remplissent le siècle tout entier où le Christ a vécu, ils sont écrits avec le sang des martyrs jusqu'aux limites les plus éloignées de la domination romaine. Ils se révèlent dans le spectacle de l'empire du Christ, dans l'excellence même et la teneur de sa doctrine, dans la constance de son œuvre dont le dessein exactement suivi embrasse tous les siècles, et dans la majesté de son action qui imprime tant de grandeur à l'homme et aux sociétés.

Dans les âges de foi, Messieurs, ces titres du christianisme resplendissent naturellement sur tous les fronts et sur toutes les œuvres des hommes ; tout en porte le reflet et la marque, et on connaît sa souveraineté dans l'univers moral comme celle du soleil dans le monde physique, seulement en ouvrant les yeux. Mais dans les jours d'indifférence, il se fait comme un nuage autour du Christ pour en voiler l'éclat : la science devient muette à ses gloires et quelquefois hostile. Il y a du doute partout : il s'en mêle aux arts, à la philosophie, à la littérature, aux entretiens et à l'air même qu'on respire. Il y a donc alors deux enseignements qui ne se touchent plus, l'un dans le temple et l'autre dans le monde, et les titres du christianisme restent scellés au fond du tabernacle.

Certes, Messieurs, il importe en des temps pareils d'encourager le développement chrétien de la science. Il faut qu'elle se lève, qu'elle embrasse toute la nature, qu'elle interroge la terre, le ciel et les abîmes, qu'elle scrute les annales des peuples, qu'elle recueille partout les rayons oubliés de la gloire du Christ pour rendre manifeste son droit de législateur souverain de l'univers moral.

L'archevêque de Paris était digne de concevoir un si beau dessein ; il était capable d'y concourir et d'en préparer le succès. Lui-même était savant. Dans sa haute intelligence, la théologie avait pris ces grandes proportions que lui avaient données les Pères de l'Église, et qui élevaient si haut le génie de saint Thomas d'Aquin. Il ne l'isolait pas, il l'établissait au centre et dans le lieu le plus élevé du monde des esprits ; toutes les sciences lui venaient apporter un tribut et la servaient comme leur reine : elles versaient dans son sein, elles y puisaient tour à tour la lumière. C'est de cette hauteur qu'il embrassait la philosophie, l'histoire, la législation ; c'est de là qu'il étudiait la nature de l'homme, le secret ressort des sociétés et l'ordre des empires. Voilà pourquoi dans ses œuvres l'orthodoxie de la doctrine se mêle toujours aux richesses de l'érudition et à l'élévation de la pensée. Quand il veut être apologiste, il établit sur des fondements inattaquables les preuves de la foi ; tous ses écrits, jusqu'aux plus courts, ont un remarquable caractère d'ampleur et de solidité ; la plupart même de ses instructions pastorales ont tout le poids et toute la substance d'un livre.

Qui donc aurait pu mieux que lui encourager le développement chrétien de la science? Comme il savait deviner les institutions où elle pourrait servir avec plus d'avantages au triomphe du christianisme? Comme il aimait à recueillir sous les voûtes de sa cathédrale ce qu'il y avait à Paris d'esprits plus cultivés, et à les instruire par des voix éloquentes ! Cette magnifique tribune de Notre-Dame, ouverte à la France par son prédécesseur comme une source de lumières, devint, par la bénédiction de Dieu et les soins du nouveau pontife, plus belle encore, plus féconde et plus retentissante. Avec quelle reconnaissance il applaudissait au succès des écrivains qui s'étaient honorés par le respect de la religion! Avec quel bonheur il voyait le goût des savantes études se développer au sein de son clergé! Comme il se plaisait à le favoriser! Le grave travail de la pensée était par lui-même, à ses yeux, un des premiers titres de recommandation; on n'était jamais, pour lui, au-dessous d'aucune dignité, d'aucun respect et d'aucune fonction, quand on n'était pas au-dessous du talent et de la science; ces mâles et austères labeurs étaient, à son jugement, une déclaration de force, un signe de vertu, et cette âme, elle-même abreuvée de vérité, savait la puissante énergie qu'on y trouve pour dominer ce qui est vulgaire et rester maître de soi-même. A sa voix, les conférences ecclésiastiques furent établies dans les paroisses. Quoique absent, il en était l'âme, il en dirigeait les travaux. Qui de nous, Messieurs, ne s'est senti fortifié par les conseils de ces deux admirables instructions pastorales sur *les études* et la *composition des livres?* Ces œuvres sont un monument qui suffirait presque seul à la gloire d'un épiscopat. Elles instruiront longtemps encore les ministres de Dieu, et cette voix partie du tombeau empruntera quelque chose de l'autorité du martyre. ***Defunctus adhuc loquitur.***

Et toutefois, il nourrissait dans ses méditations une pensée d'avenir plus haute encore et plus féconde.

Nous avons dit, Messieurs, qu'il avait trouvé dans sa famille de précieux débris des splendeurs de notre ancienne Église; il en avait reçu le reflet dans les années de sa jeunesse, il avait connu les vieillards qui représentaient ce passé avec plus de noblesse. Il se rappelait cette ancienne Sorbonne où tant de savants docteurs formaient dans notre patrie comme un *concile permanent* toujours préparé sur toutes les questions et autorisé pour tous les jugements, tant d'autres doctes et saintes compagnies qui mettaient au service de la science et de la foi des générations entières d'hommes illustres : il cherchait, dans sa conscience de pontife, ce qu'il était possible de reconstruire pour l'avenir des gloires de ce temps.

Sainte maison des Carmes, consacrée par le sang des martyrs, vous lui étiez apparue comme réservée à des destinées augustes ! Il vous avait choisie pour être le berceau d'un collége nouveau de prophètes ! Il vous voyait déjà dans sa pensée comme il espérait que vous seriez un jour ! De jeunes hommes, l'élite du clergé, venaient à vous de toutes les parties de la France ; et après quelques années, où ils s'étaient recueillis dans le silence religieux de vos voûtes, il se passait tout à coup un prodige qui faisait souvenir du cénacle. Des flots de lumière sortaient partout de vos flancs entr'ouverts et couraient inonder le monde : des légions d'apôtres s'échappaient par toutes vos portes : les uns allaient au loin soutenir le poids du gouvernement et la sollicitude des églises ; les autres produisaient de savants écrits qui portaient la majesté du Christ aux extrémités de l'Europe ; d'autres, enfin, montaient dans les chaires sacrées, et continuaient parmi nous la race prophétique des Fénelon, des Bourdaloue, des Massillon. J'aurais nommé Bossuet le premier, mais il a prononcé dans cette église une oraison funèbre (1), et j'ai eu peur que les morts qu'il a pleurés, brisant les pierres de leurs tombes, vinssent ici confondre ma témérité et m'épouvanter d'un hommage à sa gloire !

Tel était l'avenir que préparait l'archevêque pour la maison des Carmes ! C'est de ce côté toujours que retournait son cœur, et il aimait à réserver pour elle tout ce qu'il pouvait dérober à sa charge de temps, de soins et de ressources !

O saint prélat ! cette œuvre de votre prédilection, Dieu vous a laissé peu de temps pour l'accroître ! A peine en a-t-on vu le germe, et c'est en recueillant dans mes souvenirs ce que j'avais ouï de votre plan, que j'ai pu le décrire ! O saint prélat ! votre mémoire achèvera le reste ! votre noble cœur caché sous les fondements de l'édifice (2) l'animera dans toutes ses parties, et lui communiquera une force de solidité, d'élévation, de vigueur, éternelles !

Voilà, Messieurs, un rapide coup d'œil sur ce que fit l'archevêque pour ramener les esprits au christianisme en les éclairant sur la vérité de ses titres.

Mais il est encore une marque où on peut reconnaître la majesté du christianisme et sa nature de loi souveraine de l'univers moral : c'est quand il se montre dans son application, avec le privilége qui lui appar-

(1) Celle du prince de Condé.
(2) Le cœur de Mgr Affre a été déposé dans l'église des Carmes.

tient, de n'être jamais séparé de la vie de l'humanité, d'être lié à tous ses intérêts et de servir tous ses besoins.

L'archevêque de Paris mit toute son âme, tout son cœur et tout son courage à conserver au christianisme la grandeur de ce caractère.

Je vois, Messieurs, une merveilleuse force dans la main des pontifes : des légions sacerdotales qui marchent sous leurs ordres ; des âmes généreuses qui embrassent les plus austères sacrifices avec un indomptable courage, qui ont calculé de telle sorte leur vie qu'elle fût pour eux-mêmes une immolation et pour le monde un service puissant, qui mettent sur leur poitrine une triple enveloppe d'airain pour mieux conserver à ceux qui souffrent le trésor tout entier des tendresses du cœur, qui n'ont point de racine ici-bas, afin de se porter plus vite où il faut pour soulager leurs frères. L'archevêque avait eu ce bonheur de trouver dans le clergé de Paris une incomparable milice, et jusque dans les bras de la mort il en faisait encore l'éloge avec la plus vive effusion d'un paternel amour ; mais il travaillait à la recruter chaque jour d'aussi vaillants auxiliaires, et pour les perpétuer dans l'esprit de vie, il avait élevé, à force de privations, de soins et de dépenses, ces vastes bâtiments du petit séminaire (1), où, dans une abondance d'air, d'espace et de lumière, il nourrissait en de jeunes âmes la science, la piété et ce dévouement des braves si nécessaire aux combats du Seigneur.

(1) Rue Notre-Dame-des-Champs.

Que si vous me demandez ce qu'il avait à faire de ces prodigieuses colonnes toutes prêtes à s'ébranler au moindre signe, écoutez, je vais vous le dire : Voyez-vous, en présence des pontifes du Christ, l'humanité vers laquelle ils s'avancent? Eh bien, ils vont la conquérir, ils vont la soumettre au bonheur, à la vérité; ils vont proclamer, soutenir, appliquer dans ses rangs la loi d'immortalité, la loi de salut éternel, la loi essentielle et constitutive de l'homme, qu'il ne peut observer sans se déployer dans toutes les grandeurs permises à sa nature, dont il ne peut sortir sans se briser lui-même, sans se mutiler, tant elle a pris exactement sa mesure et les véritables conditions de sa vie!

Regardez l'homme. Il y a en lui des facultés qui ne trouvent point ici-bas leur emploi. Est-ce que son intelligence est épuisée par la connaissance de ce monde fugitif? Est-ce qu'après celui-là elle n'en conçoit pas un autre, immense, immuable, infini, sans rien qui périsse, sans aucune forme qui change? Est-ce que son cœur peut être jamais comblé par aucune des choses qui sont sous le soleil? Tout ce qui a des bornes n'est point à sa mesure; et comme l'Océan, si l'on essayait de faire tenir ses eaux dans le lit d'une rivière, s'enflerait et, débordant de toute part, s'en irait inonder l'univers : ainsi le cœur de l'homme, resserré dans les limites du monde, s'inquiète, se soulève, et s'épuise en efforts pour s'élancer au delà.

Voilà l'humanité. Mais ne voyez-vous pas aussi le génie de l'erreur et du mal assis à ses côtés? Regardez :

il se lève, il parcourt les rangs, il répand à droite et à gauche le dégoût de l'immortalité, il soulève les âmes contre la loi supérieure, contre la loi de salut éternel; et alors, malheur sur les hommes séduits qui ne daignent plus se souvenir du ciel !

Ah! vous voulez refuser à vos facultés leur objet propre! Ah! il vous plaît de leur fermer toute issue et de retenir dans ces étroits cachots du temps ce qui fut fait à la mesure de l'infini, ce qui fut calculé sur les proportions de Dieu même! Eh bien, cette force divine, ainsi comprimée, s'égare, se déprave et devient fatale; elle se retourne avec une énergie désespérée sur le peu qu'on lui laisse. Elle entretient dans l'homme une soif dévorante que toutes les eaux contenues dans les flancs de la terre n'apaiseront jamais. Quand il a, il veut avoir encore; quand il n'a pas, il se dessèche, il se meurt d'envie devant celui qui a. Ses désirs sont immenses, et ils ne sont pas satisfaits; ils sont impétueux, et ils n'ont pas de frein. Quelle règle leur donnerez-vous quand vous retenez l'âme loin de Dieu, source unique du droit et de la justice? et comprenez-vous alors ce que peut devenir le monde? On avait cru qu'en renonçant au ciel on pourrait jouir plus à l'aise du bonheur de la terre, et l'on n'a réussi qu'à mettre en fuite cette ombre qu'il y avait encore de bonheur sur la terre. Le ciel est brisé, soit; mais on reste enfermé dans ce monde, en proie à des calamités terribles, avec la mort pour consolation, et pour unique espérance le repos glacé du sépulcre !

Oh! pitié sur tant de douleurs! venez, pontifes du Christ, au secours de l'humanité! venez vaincre le génie du mal et abattre sa domination! venez faire triompher la loi de salut éternel, la loi véritable de paix et d'harmonie! remettez l'homme ainsi dans l'ordre même de sa constitution! Ouvrez au regard de l'âme les régions sereines de l'immortalité! qu'elle y monte, par votre secours, sur l'aile de la foi! qu'elle y trouve un objet égal à ses désirs! qu'elle puisse y étancher sa soif, y épuiser tout ce qu'elle a de surabondante énergie! qu'elle en revienne, comme Moïse du Sinaï, rapportant les tables de la loi, le devoir dicté par Dieu même! alors elle éprouvera que tout est bien en elle, elle achèvera le reste de sa vie dans la modération, la patience et la charité, elle sera douce à chacun de ses frères, et jusqu'à la mort elle-même elle accueillera tout avec un sourire divin!

Voilà pourquoi les pontifes sont à la tête des armées de Dieu, pour vaincre le génie du mal et faire triompher dans le monde la loi de salut éternel!

C'est le sentiment de cette magnifique mission qui enflammait le zèle de l'archevêque de Paris. Il fut admirable à la tête de sa troupe sainte, et ne parut inférieur à aucun des illustres chefs du peuple de Dieu dans la science du commandement : nul ne savait mieux que lui la valeur des hommes, nul n'aurait pu si bien dire le poste qu'il fallait assigner à chacun; il était toujours le premier dans les travaux, dans les fatigues et dans tous les dangers; il animait tout de la voix, des conseils, de l'exemple. Il montrait de la main les lieux où il fallait porter l'attaque : pour la soutenir et la diriger, il avait des moyens infinis dans la connaissance des âmes, de leurs inclinations et de leurs caractères ; il disait par quelles armes on pouvait les vaincre, comment il fallait user tantôt du raisonnement, tantôt des douceurs de la miséricorde, quelquefois des solennelles terreurs de l'avenir, toujours de la prière et des grâces de la charité. Il n'engageait que les combats dont une âme pouvait être le prix ; c'est pour cela seulement qu'il réservait ses forces, et son principe était que tout ce qu'on peut dépenser de valeur en d'autres luttes, loin de servir la religion, lui est plutôt fatal. Il faisait voir la route à suivre pour éviter ces fâcheuses rencontres, et dans les marches qu'il entreprenait il connaissait si bien les temps, les hommes et les lieux, qu'il pouvait passer partout sans donner droit à personne de pousser un cri d'alarme, sans autoriser le bruit d'une seule discorde. Nul n'avait le jugement plus sûr ni les ressources plus fécondes. Actif et vigilant, ardent avec patience, il allait toujours à un but qu'il s'était proposé, d'autant plus certain d'y arriver qu'il savait mieux attendre. Organisateur puissant et infatigable, il créait à droite et à gauche des associations pieuses, des établissements qui servaient à le fortifier et lui donnaient de précieux auxiliaires. On aurait pu l'attaquer, mais non pas le surprendre : on était sûr à tous les moments de le trouver sur un terrain si bien choisi, si ferme et calculé avec tant de sagesse, qu'il était invincible. Il était toujours retranché derrière les lois ecclésiastiques et civiles, protégé par le respect de l'humanité tout entière, dont il servait les plus grands intérêts, inviolable et tranquille, appuyé sur la croix. Dans une telle situation, il était indomptable : il restait là comme il fut devant la mort, debout et ferme, sans reculer d'un pas; lui si modeste et si humble dans la vie privée, il sentait alors passer dans son âme un courage aussi grand que sa mission. Il rappelait tout ce que l'antiquité chrétienne avait eu de plus beau. L'univers entier n'aurait pu le vaincre; il aurait pu l'accabler : mais l'affaiblir dans son devoir, le vaincre dans sa volonté de faire le travail de Dieu, l'univers ne l'aurait pas pu. *Occidi potest, vinci non potest.*

Telle était, Messieurs, l'énergie de l'archevêque de Paris : il marchait dignement à la tête de l'armée du Seigneur, il maintenait dans son sein toute la vigueur de l'esprit de Dieu, qui peut seul assurer ses triomphes; il aurait craint de l'énerver en y laissant pénétrer l'esprit du monde et les influences de cour; il ne fit jamais un pas dans le domaine de la politique, il ne se laissa jamais non plus dominer par la politique; il eut ce beau caractère d'être soumis aux lois, mais de ne servir dans ce monde que Dieu et l'humanité. L'Église, Messieurs, n'a le but complet de son institution que dans l'humanité tout entière; les gouvernements ont le leur dans l'intérêt particulier d'un peuple. L'Église, c'est l'âme de tous les siècles et de l'humanité; les gouvernements, c'est une pensée vigilante pour la sécurité de l'une des sociétés de la terre. Les gouvernements sont entraînés à faire jouer mille ressorts, et il est selon les temps une part de faiblesses humaines qui occupe quelque place dans l'accomplissement de leurs desseins; l'Église ne peut se déployer que dans la vérité, le désintéressement, l'humilité, le sacrifice; les gouvernements vont nécessairement appuyés sur la force, l'Église est déjà vaincue si on la voit avec d'autres armes que la persuasion et la miséricorde. Il y a donc pour chacun d'eux un esprit qui n'est pas contraire, mais qui est différent; ils ne peuvent se pénétrer trop avant sans se nuire, sans que l'un embarrasse l'autre. Il faut qu'ils soient confondus seulement dans le respect des lois; hors de là, qu'ils marchent à leur destinée, chacun avec l'indépendance que Dieu lui a donnée pour les besoins du monde. Un esprit complaisant serait plus agréable sans doute à ceux qu'il voudrait servir. Hélas! ces faibles caractères, on les flatte, on les loue de leur faiblesse même, on leur compose je ne sais quel humiliant fantôme de grandeur avec les débris de celle qu'ils ont laissée avilir dans leurs mains, on les exalte, et on en fait des esprits supérieurs à proportion qu'ils se sont abaissés davantage; mais ils ne sont déjà plus que de vaines idoles, des sanctuaires déserts où la voix qui prophétise n'est plus celle de Dieu, où les peuples ne reviendront plus demander des oracles; ils seront inutiles à ceux-là mêmes pour lesquels ils se sont amoindris; car ce ne sont plus que des serviteurs et non pas une autorité.

Il faut louer l'archevêque de Paris, Messieurs, de la noble fermeté qu'il a mise à conserver dans le sacerdoce cet *esprit principal* dont parle l'Écriture (1), source unique de tout le bien des âmes. Quand il parut chez les hommes puissants, ce fut toujours en évêque; il exprimait les besoins et les vœux de l'Église; il refusa quelquefois de se prêter à des projets que l'on avait à cœur et qui semblaient promettre des bienfaits pour la religion. Il démêlait de secrets périls là où d'autres ne voyaient que des avantages; il redoutait, pour la pureté du zèle sacerdotal, le danger lointain des sourdes menées et des influences mondaines. On l'aurait affligé si on avait pu le croire hostile à la monarchie qui l'avait élevé; mais il jugeait que, pour la dignité des deux, il n'avait rien de mieux à faire que de s'acquitter noblement des fonctions de sa charge et de la faire servir au salut des âmes, c'est-à-dire au premier, au plus essentiel des besoins de l'humanité.

Mais il y a aussi dans l'humanité, Messieurs, des besoins variables; il sut les comprendre et les servir comme il avait fait pour les intérêts généraux.

L'humanité parcourt des âges divers : à mesure qu'elle monte, elle se dégage des formes d'une organi-

---

(1) Spiritu principali confirma me. Ps.

sation vieillie pour en revêtir d'autres en proportion avec l'état nouveau. Par conséquent, pour servir ses besoins légitimes, il faut l'aider avec sagesse dans ses transformations, ne pas vouloir soumettre toutes ses évolutions dans l'espace à l'inflexible mesure d'une seule règle si parfaite qu'on ait cru la comprendre, ne pas la contraindre à reculer dans un passé devenu trop étroit pour sa taille, ne pas l'exciter davantage à s'envoler dans l'avenir avant que Dieu lui ait donné des ailes.

Or, Messieurs, le christianisme n'a jamais eu la prétention de diriger la marche politique des peuples; mais dans le cours de tant de siècles, où il a vécu avec eux dans tous les lieux et sous tous les climats, il a manifesté, sous ce rapport, le caractère qui doit appartenir à une loi qui n'est pas celle d'un pays ou d'un temps, mais de l'univers et de l'humanité.

Le christianisme établit dans ses lois morales les principes sacrés qui doivent être le fondement éternel des sociétés de la terre, mais en dehors de cela reste un immense espace abandonné à la sagesse libre des peuples. On étonnerait bien la plupart de nos contemporains, en leur faisant connaître la pensée des plus anciens docteurs du christianisme et des plus révérés sur l'origine de la souveraineté et sur les limites où en doit être contenu l'exercice (1). Il n'est pas dans son esprit davantage qu'on doive immobiliser les formes quand l'hu-

---

(1) Voir surtout saint Thomas, Bellarmin, Suarez.

manité, pour qui elles sont faites, croît et monte toujours. Il a, plus que d'autres, le sentiment du progrès social ; car il en est lui-même le moyen le plus puissant et le plus énergique, car tous les pas avancés de notre civilisation se sont faits sous son influence, car chacune de nos grandeurs morales est un fruit sacré de la végétation des doctrines du Christ. Il n'enchaîne pas le mouvement, mais il ne l'approuve que dans l'ordre, à son temps, à son heure ; il féconde les germes d'avenir, mais il attend qu'ils soient éclos avant de les bénir. Au moyen âge, au xviie siècle, il n'aurait pas provoqué toutes les libertés de la démocratie, crainte de perdre le monde en remettant le pouvoir aux mains des multitudes, qui n'étaient pas préparées à cet honneur par une assez longue culture ; au xixe siècle, il reconnaît les nouvelles aptitudes des peuples agrandis, élevés peu à peu assez haut pour jouer sans péril avec la liberté. Ce sont là les inspirations de sa sagesse séculaire : il sacre les rois quand il faut ; il bénit, quand leur tour est venu, l'avénement des peuples. Il ne le fait pas au hasard, ni par entraînement, mais pour suivre, sous des formes diverses, le développement d'une même pensée, pour être toujours avec l'humanité, ni avant ni après, pour ne pas se détacher d'elle, pour obéir, en un mot, à cette loi suprême qui oblige les sociétés de la terre à passer par des âges divers.

C'est ainsi, Messieurs, que, par son esprit essentiel, l'Église est restée toujours au-dessus des partis ; car les partis sont un fragment détaché du grand corps de l'humanité ; ils se trompent tantôt sur la loi de ses mouvements et tantôt sur l'heure où il faut qu'ils s'achèvent ; ce sont des astres égarés qui flottent dans le vide et tendent aux abîmes.

L'archevêque de Paris, Messieurs, était pénétré de l'esprit éternel de l'Église ; il jugea de ce point de vue les partis. On ne peut pas dire qu'aucun d'eux l'ait jamais subjugué ; il ne les blessa pas davantage : il fut doux et juste envers tous. A toutes les grandes époques de la vie du monde il peut y avoir pour les meilleurs esprits un moment d'embarras ; il honora la bonne foi, le dévouement, l'amour du bien partout où il put les voir ; mais lui ne fut pas un moment indécis. Il avait entendu sonner l'heure à l'horloge de la Providence ! Il comprenait les temps nouveaux, il aurait voulu élargir la charité pour leur donner un fondement solide ; c'était à ses yeux l'espoir de l'avenir. Il s'élevait jusqu'au ton des prophètes, pour annoncer à cette capitale qu'elle serait affermie dans ses destinées et épargnée quelque jour pour sa bienfaisance (1).

La liberté, non pas celle qui opprime, mais celle qui affranchit les âmes, trouva en lui un courageux apôtre. Qui n'a pas entendu le bruit de cette fameuse controverse sur la liberté d'enseignement qui fera tant d'honneur à l'épiscopat français dans la postérité ! On

---

(1) « ... La religion vous doit cette louange... que pour vous les nobles inspirations du cœur sont toujours presque infaillibles. C'est pour cela que nos égarements n'ont jamais été sans retour, ni nos maux sans espérance... O Paris ! Paris !... il te sera beaucoup par-

vit là toute l'âme de l'archevêque de Paris. Ne croyez pas qu'il sorte de sa bouche un mot injurieux à l'Université de France; il rendait justice à cette grande institution, il honorait les membres qui la composent, il l'a déclaré plus d'une fois par des témoignages publics; il était contristé de la moindre parole trop vive ou trop amère qui aurait pu échapper à des esprits ardents; quelquefois même il ne craignit pas de les rappeler aux principes de la modération et de la vérité. Ne croyez pas non plus qu'il demande une liberté sans règle et qu'il méconnaisse le droit, le devoir de l'État; il a trop le sentiment de la justice et de l'ordre, il est trop nourri du plus pur esprit de notre ancien clergé. Non, l'Université restera, elle sera toujours une de nos gloires nationales; l'État continuera d'exercer sa mission; tout ce qu'il faut à l'archevêque de Paris, c'est que les plus graves nécessités de notre époque ne soient pas méconnues et que ce droit de l'État trouve pour s'exercer des moyens qui ne rendent pas illusoires dans l'application le principe et les garanties de liberté reconnus dans la loi! C'est ainsi qu'il comprenait les âges. Ce fut avec cet esprit qu'il salua les temps nouveaux, et donna le signal de les présenter à Dieu dans l'assemblée religieuse des peuples pour qu'ils fussent bénis.

C'est ainsi, Messieurs, que l'archevêque de Paris, faisant éclater de toute part la majesté du christianisme,

donné, parce que tu as beaucoup aimé les malheureux!» Mgr Affre, *Instruction pastorale, de 1843, sur le rapport de la charité et de la foi.*

travaillait à resserrer l'alliance de la patrie et de la religion.

Tout, en lui, ce qui était plus humble, ce qui était plus grand, semblait avoir été préparé pour cette fin auguste. Nul homme peut-être ne fut jamais plus simple; il était de l'*ancienne marque*, comme parle Bossuet (1), de l'*ancienne simplicité*, de l'*ancienne probité*. On lui reprocha parfois quelque chose comme de la rudesse; pour moi, je suis tenté de croire que ce trait de son caractère n'était pas sans préméditation dans les desseins de Dieu, et que cette simplicité fut une part de sa grandeur. Il y a une sorte de faiblesse qui sied bien au pontificat et sert à sa puissance : *Cum infirmor, tunc potens sum* (2). On aime à voir dans un évêque, ministre des biens futurs, ce rayonnement naturel d'un mérite qui n'affecte pas, ce parfait bon sens d'humilité qui lui fait porter sa dignité conformément d'ailleurs au précepte du Christ (3), comme le signe et la déclaration d'un service où il est soumis, ce grave et long regard qui descend comme un jugement du ciel sur nos petites importances et nos vanités d'ici-bas. Plus de recherche et de raffinement serait allé mal à l'air de cette noble

---

(1) Oraison funèbre de Nicolas Cornet.
(2) Saint Paul.
(3) « Vous savez que les princes des nations dominent sur elles, et que ceux qui sont les plus puissants parmi eux les traitent avec empire; il n'en sera pas ainsi parmi vous; mais que celui qui voudra être le plus grand parmi vous soit votre serviteur... Comme le Fils de l'homme n'est point venu pour être servi, mais pour servir, et donner sa vie pour racheter celle de plusieurs. » S. Matth., ch. 20.

vie, et aurait aussi mal préparé l'héroïsme de cette mort. Tout devait être antique dans cet homme; Dieu nous l'avait donné comme une figure détachée des premiers siècles du christianisme pour décorer nos temps modernes, et nous faire souvenir des Pères de l'Église.

Ses dehors étaient sérieux, presque austères, comme de tout ce qui est solide, profond et recueilli; mais il y a des mines d'or sous les rochers, des sources d'eau vive dans le flanc des montagnes; on trouvait sous cette enveloppe tous les trésors de l'âme, la piété pour Dieu, la vertu, la modération, et une part de tendresse plus douce qu'on n'aurait pu l'imaginer. Qui fut jamais sincère comme lui? On pourrait dire de sa loyauté ce qu'on a dit de la clémence de César, qu'il fut vrai *jusqu'à s'en repentir*. Avec un peu moins de franchise, il aurait pu tourner bien des obstacles; mais il parlait selon le précepte du Christ, *est, est, non, non;* et cela était aussi sûr qu'un serment. Le commandement, dans sa bouche, fut toujours l'expression de la règle, ni plus sévère ni plus relâché qu'elle; mais il se tempérait par une paternelle indulgence; il se justifiait par le droit même dont il fut constamment l'expression. L'archevêque portait haut le devoir peut-être, mais c'est qu'il portait aussi haut l'estime de son clergé, et qu'il le savait capable de toutes les vertus, assez fort pour tous les sacrifices. Il avait dans sa perfection cette grâce chaste du cœur qui fait de l'homme une *sainte et vivante hostie*, comme parle saint

Paul (1). L'ange, qui ne fut jamais lié à des organes, qui vole dans l'espace aussi pur qu'un rayon de lumière, l'ange n'eut jamais ses ailes d'or plus nettes de poussière que l'archevêque de Paris sa robe de pontife. Toute cette âme était déjà comme un religieux sanctuaire où s'accomplissaient les préliminaires d'un mystère sacré.

Mais pourquoi vais-je ranimer cette image avec ses traits chéris et vénérés! faut-il accroître nos regrets, et le coup qui nous l'a enlevé n'est-il donc pas assez cruel! Messieurs, soyons ici plus fermes et plus assurés que jamais; ne pleurons pas ce qui doit être le plus digne sujet de notre admiration. L'archevêque a été beau dans sa vie, il a été encore plus beau dans sa mort. Il achève cette fois tout d'un coup son œuvre commencée : il consomme dans sa mort l'alliance de la patrie et de la religion.

(1) ... Ut exhibeatis vosmetipsos hostiam sanctam et viventem. S. Paul, Rom. 12.

DEUXIÈME PARTIE.

Nous étions arrivés à une heure solennelle dans la vie du monde : tous les éléments de l'avenir et du passé, incertains encore, se mêlaient avec effort dans son sein, pour enfanter les temps nouveaux ; ils avaient besoin, pour se reformer avec harmonie, que l'esprit de Dieu vînt les pénétrer une seconde fois, et remettre l'ordre dans cette confusion, comme aux jours de l'ancien chaos, quand il marquait son poste à chaque créature, et faisait un trône au soleil, un lit à l'Océan. Il n'y avait plus un jour à perdre pour venir en aide à ce redoutable travail ; il était digne de la Providence de consommer au plus tôt l'alliance de la patrie et de la religion. Alors elle daigna choisir l'archevêque de Paris, et lui dit d'offrir un sacrifice de réconciliation, d'exercer pour le bien du monde l'acte le plus sublime de son pontificat (1).

(1) L'archevêque de Paris avait-il eu quelque révélation de cette destinée ? Voici ce qu'il écrivait dans son Mandement de prise de possession, daté du jour de son sacre, 6 août 1840 : « La paix soit « avec vous... Nous ne venons ni gouverner, ni troubler la cité, mais « OFFRIR UNE VICTIME. — *Pacificusne est ingressus tuus ? Et ait :* « *Pacificus ad immolandum Domino veni.* » Divin pressentiment! Souvenir tout plein d'émotion.

Et il faut s'élever jusqu'à ce jugement, Messieurs, pour avoir le secret entier de ce magnifique spectacle de religion dont nos jours viennent d'être témoins. Il y a quelque chose au-dessus des lois ordinaires, dans le prodigieux éclat qu'a jeté cette mort. Certes, le dévouement de l'archevêque de Paris fut beau, mais d'autres victimes ont succombé dans un dévouement aussi beau : nous avons vu tomber plusieurs de nos plus illustres citoyens, et ni leur rang dans le monde n'était moins élevé, ni leur courage n'a été moins grand, ni leurs douleurs n'ont été moins cruelles. Si cependant la France a distingué l'un de ses fils ; si, dans le cortége qu'elle a fait à ses morts, les honorant tous de son respect, de ses larmes, de son admiration, leur conservant à tous des bénédictions infinies dans une éternelle mémoire, elle a voulu donner à l'archevêque de Paris une première place ; si cette figure sacrée a dominé les autres dans les témoignages de la vénération et de la reconnaissance publiques, c'est qu'il venait de s'accomplir dans l'ordre religieux un acte d'une telle importance que Dieu avait jugé convenable de le signaler par des honneurs nouveaux aux méditations de la France.

Voilà en effet, Messieurs, le fruit sacré de ce martyre et l'immortelle gloire de notre saint pontife. Il a été choisi comme une victime agréable pour réconcilier à jamais la religion et la patrie ; elles se sont embrassées dans ce sacrifice, elles se sont unies éternellement dans ce sang par un pacte sacré : Dieu en avait tellement ménagé l'ordonnance que la patrie devait y reconnaître les grandeurs de la religion, et que la religion s'y devait unir plus étroitement aux destinées et aux grandeurs de la patrie.

Pourquoi se fait-il, Messieurs, que dans ce peuple de France, le plus naturellement chrétien qui soit au monde, il se trouve tant d'hommes faciles à séduire, qui laissent voiler à leurs regards la vérité qu'ils aiment? Quelle indigne image on se plaisait à leur présenter du sacerdoce et de l'Église! De quelle utilité pouvaient-ils être? A quoi pouvaient-ils servir qu'à embarrasser le monde et retarder sa marche! Feu sacré des nobles âmes, amour de la patrie, dévouements généreux, tendres soins des souffrants et des faibles, aspirations élevées aux progrès de l'humanité, est-ce que vous aviez seulement touché d'une étincelle la foi du christianisme, le cœur du sacerdoce?

Ah! ce feu sacré, certes, ce n'est pas le sacerdoce qui l'étouffera; il n'en nourrit pas d'autre dans sa poitrine ardente; toutes les institutions qu'il a créées et auxquelles il préside en sont le foyer puissant, et il se sert de sa parole comme d'une torche enflammée pour en verser des torrents sur le monde. Comme il serait facile de le démontrer! Que de beaux livres on a faits pour cela! et combien d'autres on pourrait faire encore! Mais qu'est-ce que les livres pour se prendre avec des fantômes? Que ferez-vous de la force du raisonnement, des majestés de la pensée contre de vaines fantaisies, des fables, de vicieux caprices de l'imagination qui répondent à tout par un sourire, et s'enfuient quand on veut les saisir? Et puis, quel est de nos jours l'effet des livres? Est-ce qu'il n'y en pas pour soutenir les choses les plus contradictoires? Est-ce que l'esprit humain discerne et juge? Est-ce que dans plusieurs il n'est pas énervé par l'abus des lectures faciles qui empêchent tout exercice sérieux de la pensée? Non, je vous le dis, non, ce n'est pas avec des livres qu'on pouvait réhabiliter de nos jours, dans les rangs des âmes séduites, la majesté du sacerdoce et de la religion!

Le martyre, oui le martyre, voilà la langue qu'il fallait parler pour convaincre. Le martyre est un grand maître de persuasion : il ne raisonne pas, il ne discute pas, il fait voir; il n'explique pas la loi du mouvement, il marche; le martyre est au-dessus de tous les doutes et de tous les soupçons, il parle d'en haut, de ces régions lumineuses où l'âme est transparente, de ce monde supérieur où l'on ne peut plus avoir d'intérêts que ceux de la conscience et de la vérité; le martyre ne répond pas aux fables, mais il se montre, et sa majesté les écrase; le martyre ne subjugue pas seulement la raison, il fait tressaillir le cœur, saisit l'imagination tout entière, la tient suspendue dans sa contemplation, absorbée dans l'admiration de tout ce que la nature humaine peut avoir de sublime. Le conte menteur, avec ses misérables jeux de séduction et d'artifice, disparaît à côté; on ne voit pas les figures tracées à ses pieds dans la boue, quand on a les yeux éblouis des plus beaux rayons du soleil. Il y a eu des martyrs à l'origine pour attester les faits divins du christianisme;

il en fallait un de nos jours pour attester le caractère supérieur qu'il imprime aux âmes. L'archevêque de Paris était un grand docteur, il excellait dans la controverse, il a composé de beaux ouvrages, mais il aurait vécu cent ans qu'il n'aurait pas fait un chef-d'œuvre comparable à cette apologie qu'il a écrite avec son sang sur les pavés du faubourg Saint-Antoine.

Nous l'avons vu, Messieurs, et sache la postérité, car cette magnanimité de l'archevêque de Paris n'est au-dessous d'aucune des grandeurs de l'histoire; sa destinée est de croître d'autant plus qu'on la regardera dans le lointain des âges, et les générations futures l'admireront plus que nous-mêmes peut-être : sache donc la postérité que cette mort fut une apologie; qu'elle découvre partout, attachée à ce monument, la foi qui l'avait préparé, qui en a conduit l'ordonnance, qui en a fait et soutenu les proportions sublimes; qu'elle reconnaisse le dessein de Dieu, qui a voulu d'un seul coup manifester le cœur du sacerdoce et de tous les chrétiens, en faisant voir dans un même chef-d'œuvre, inséparablement unies, les magnificences du dévouement et celles de la foi.

Et en effet, Messieurs, les grandes actions ne sont pas isolées dans la vie, elles se lient à ce qui les précède, elles ont été préparées par une multitude de causes lentement amassées, et l'héroïsme de la mort a toujours ses racines dans la profondeur des jours passés (1).

(1) In fine hominis denudatio operum ipsius. Ecclés. II.

Ne cherchez donc pas à cette magnanimité de l'archevêque de Paris, Messieurs, une explication dans le caractère ou dans l'entraînement. Quand on avait bien connu cet homme, si modeste et si retenu, si naturellement ennemi du bruit et de l'ostentation, si peu disposé à rechercher un péril ou une entreprise en dehors de son ministère, et toujours si alarmé de ce qui pouvait avoir l'ombre soit d'une prétention d'influence, soit d'une vaniteuse émulation de gloire, on aurait cru pouvoir prédire qu'il ne mourrait pas de la sorte. Ce n'est pas davantage à un sentiment humain du devoir qu'il faut demander le principe de son dévouement : il était incapable sans doute de manquer à l'honneur; mais ici, sans blesser l'opinion la plus délicate et la plus sévère du monde, il pouvait s'abstenir : il n'aurait pas obtenu la gloire des héros, il n'aurait pas été flétri davantage de l'infamie des lâches. Non, il ne pouvait y avoir pour lui qu'une cause assez puissante de détermination, la foi dont il avait ressenti toujours si vivement la mystérieuse influence, la foi qui lui avait appris que si le sacrifice est le moyen le plus excellent offert à tous les hommes de ressembler à la Divinité, il peut devenir en quelques circonstances un devoir pour les ministres de ce Dieu qui a aimé le monde jusqu'à mourir pour lui ! *Sic Deus dilexit mundum!* Voilà, Messieurs, où l'archevêque de Paris a pris son héroïsme.

Pénétrez dans ce cœur de pontife, et tâchez d'en saisir toutes les émotions pendant ces jours de funeste mémoire où la cité souveraine, se déchirant elle-même, était réduite à l'humiliation de voiler sa face pour pleurer ses douleurs.

Il voit dans les habitants de cette capitale désolée les brebis immortelles du troupeau que Dieu lui a donné pour en être pasteur ; il recueille avec attendrissement dans sa mémoire toutes les preuves de respect religieux qui, au plus fort de nos orages, avaient tant consolé son cœur. Est-ce qu'aux jours de nos plus terribles luttes la religion a été profanée ? Est-ce qu'on n'a pas rencontré partout la paix assise autour de la demeure des ministres de Dieu ? Est-ce que la violence et l'ardeur du combat ne se sont pas arrêtées à la porte des temples ? N'a-t-on pas vu des hommes qui frémissaient encore, dans les premiers emportements de la victoire, s'incliner avec adoration devant une image du Christ, et la rapporter en triomphe jusqu'en son sanctuaire ! Il y a donc au-dessus des discordes un nom partout béni ! Il reste donc une autorité de paix consentie dans la vénération de tous ! Il y a donc dans le sein du Christ un dernier refuge ouvert à la concorde et à l'apaisement des âmes ! Et ne serait-ce pas un crime de voiler cet espoir suprême ? si le pasteur peut servir le troupeau pourquoi donc se cacherait-il ? Est-ce que tout ce sang qui coule n'est pas sacré pour lui ? Il y a bien deux camps et deux bannières, mais de quelque côté que tombent ses regards, il trouve des visages connus, des fronts qu'il a bénis, des mains qui ont touché la sienne, des âmes rachetées par le Christ, et qui toutes en gardent quelque empreinte. Combien de fois il les a vus dans les soins de son ministère ! Il pourrait les reconnaître encore sous leurs drapeaux divers. Voici, d'un côté, ceux qui ont épanché tant de fois dans son cœur un amour éclairé de l'ordre, des désirs élevés pour le bien de leurs frères; d'un autre côté, ceux dont il a plaint toujours si tendrement les douleurs, qu'il se plaisait à réunir autour de lui pour élever leurs âmes en de saintes associations, pour lesquels chaque matin il suppliait le ciel, en offrant la divine victime, que le Christ voudrait tant pouvoir aimer toujours plus que les autres, et dont il a surtout recommandé le soin aux pasteurs établis en sa place ! Voilà le sang qui coule; et il ne ferait pas effort pour l'arrêter ! Ah ! le monde pourrait bien lui pardonner peut-être ; mais serait-il évêque encore ? De quel front oserait-il se montrer à l'Église, qui lui a mis en main une houlette ? quelle réponse ferait-il à Dieu, qui l'a consacré tout exprès pour le dévouement ?

Il ne peut pas tenir, Messieurs ; il sent que sa conscience frémit, que son cœur se brise, que sa crosse pontificale tremble, que son siége s'émeut ; il se lève et il dit : Je suis pasteur jusqu'à la mort ! Car n'imaginez pas qu'il se fasse aucune illusion : sa foi l'élève au-dessus du danger, mais il le connait tout entier.

Depuis longtemps, Messieurs, pourquoi ne continuerais-je pas à vous révéler les secrètes pensées de cette âme héroïque ! depuis longtemps il avait comme le soupçon d'une responsabilité terrible et le pressentiment d'un sacrifice. Quand il parlait des destinées de la patrie, c'était avec un ton de confiance si ferme et si tranquille que ses amis en étaient presque étonnés; on peut dire véritablement de lui qu'il a vu l'avenir avec un *jugement élevé* et qu'*il a consolé ceux qui étaient affligés dans Sion. Spiritu magno vidit ultima et consolatus est lugentes in Sion* (1). Il rappelait dans sa mémoire les faits du passé pour les comparer avec ceux du présent; il trouvait dans ce rapprochement des signes assurés, des gages certains d'espérance. C'est ainsi qu'il jugeait les destinées de la patrie. Pour sa personne, il ne plaignait, il ne redoutait rien ; mais il avait ce sentiment (il s'en est ouvert plus d'une fois, je le sais et je puis le dire), qu'il pouvait être mené loin par quelque devoir imprévu de sa charge, et qu'il courait le hasard d'être emporté dans un coup de tonnerre. Le danger qu'il avait vu de loin avec tant de courage aurait-il pu lui échapper à l'heure où il se dressait devant lui menaçant?

On était en présence de réalités formidables; d'horribles scènes, dont on voudrait pouvoir effacer le souvenir, venaient à l'instant même de consterner Paris. On était effrayé de la résolution de l'archevêque, on s'empressait pour l'arrêter; l'alarme des plus nobles cœurs et des âmes les plus intrépides lui envoyait de toute part un présage de mort. Jusque dans les démonstrations de respect que prodigue sur son passage la reconnaissance publique, il peut apercevoir le danger où

(1) Ecclés.

il se précipite. Après son entrevue avec l'illustre général (1) qui fut dans ces jours néfastes le salut de la France, dans cette marche triomphale qu'il faisait à pied d'un bout à l'autre de Paris, quand les tambours battaient aux champs, quand on lui rendait spontanément les honneurs militaires; à cet étonnant spectacle de la foule empressée pour le voir, prenant pour les baiser ces nobles mains qui avaient déjà tant béni, et tombant à genoux pour avoir des bénédictions encore; à ces marques inusitées d'un respect tout plein d'émotion, il pouvait juger aisément, s'il ne l'avait pas fait encore, aussi bien le péril que la grandeur de sa résolution. Tout déjà lui faisait entrevoir cette autre marche du lendemain, triomphale aussi, mais avec un autre appareil, lorsqu'on le ramenait mourant sur un brancard fabriqué à la hâte, accompagné de ses amis en pleurs et entouré des flots d'un peuple consterné qui s'agenouillait à son approche comme on fait devant un martyr.

L'archevêque de Paris allait donc malgré le danger; il le savait bien grand, mais il sentait sa foi plus grande encore : elle parut à cette heure l'avoir comme ravi; elle emplissait son âme, elle débordait au dehors, elle rayonnait lumineuse jusque dans son visage; il était transfiguré par elle, il semblait au-dessus de l'homme. Ceux qui l'ont vu à l'arsenal (2) rendent ce témoignage,

(1) L'illustre général Cavaignac.
(2) M. le colonel Paqueron, directeur de la capsulerie, et M. le colonel Bonny, rendent ce témoignage. Ils s'entretenaient avec l'archevêque de Paris pendant qu'on allait couper la branche d'arbre que devait porter en signe de paix le brave Théodore Albert.

que tous ses traits avaient pris l'expression d'une beauté divine.

On eût dit que le premier apôtre de Paris, saint Denis, son patron et son prédécesseur, venait de lui apporter du ciel son auréole de martyr pour servir de couronne à ses derniers moments. Il s'élevait en ce moment auguste, il s'élevait de toute la puissance des plus grandes âmes du christianisme qui semblaient être entrées dans la sienne; vous auriez dit Machabée quand il s'écriait : *A Dieu ne plaise que je fuie... et si mon heure est venue, mourons avec courage pour le bien de nos frères* (1). Vous auriez cru voir saint Paul qui *ne redoute rien, qui ne daigne pas compter avec sa vie, auquel une chose seulement importe, de pouvoir accomplir le ministère qui lui a été imposé par le Seigneur Jésus* (2). Bien plus, vous auriez cru voir en lui quelque chose de la majesté du Christ, car Jésus-Christ était en lui, il l'avait pénétré de son esprit, il l'animait de sa parole. Est-ce que l'âme du Sauveur n'était pas toute dans ces mots qu'il avait à la bouche et qu'il portait gravés au plus profond du cœur: *Le bon pasteur donne sa vie pour ses brebis* (3)? Ainsi, c'est la foi qui le détermine, c'est la foi qui le

(1) Absit ut fugiamus et si appropiavit tempus nostrum, moriamur in virtute propter fratres nostros. Mach. I, 9.
(2) Nihil vereor, nec facio animam meam pretiosiorem quam me, dummodo consummem cursum meum et ministerium verbi quod accepi a Domino Jesu. Act. 20, 24.
(3) Bonus pastor animam suam dat pro ovibus suis. S. Joann., 1. 10.

mène ; elle est partout avec lui dans le chemin qui va au sacrifice. Il s'avance armé de la croix, du bienfait et de la prière, ces beaux signes de la foi chrétienne; il console en passant ceux qui pleurent comme avait fait le Christ pour les filles de Jérusalem ; il se charge des plus humbles secours qu'on lui donne à porter aux blessés ; il bénit dans les ambulances, il absout ceux qui vont mourir. Jamais on ne vit exercer plus noblement la charge de pontife, et, quelle que soit la pompe des cérémonies catholiques, jamais l'archevêque de Paris, dans les splendeurs de sa cathédrale, n'offrit un sacrifice dont l'ordonnance fût si belle et où sa contenance fût plus digne d'être contemplée.

Eh bien, qu'il s'achève donc! Qu'importe d'où viendra le coup? je n'en veux rien savoir. S'il est un homme assez malheureux pour avoir conçu l'idée d'un sacrilége attentat, que son nom demeure enseveli dans les profondeurs d'un éternel oubli et recouvert à jamais pour le monde d'un voile aussi épais que celui qui était sur ses yeux quand il a pu se résoudre à frapper ce que des barbares mêmes auraient voulu embrasser à genoux. Pour nous, Messieurs, adorons les secrètes voies de la Providence, qui ramène tout à l'ordre de ses conseils, et trouvons un refuge à de tristes pensées dans l'admiration de cette généreuse victime, si sereine et si douce, dont la dignité ne fait que s'accroître dans les douleurs de son immolation.

Quelle simplicité majestueuse dans ses derniers moments ! On croirait le voir à l'autel du Seigneur quand, à la fin du sacrifice, il se retournait pour souhaiter la paix à son peuple. Il fait porter aux combattants de suprêmes paroles d'exhortation et d'espérance, il bénit avec effusion ses amis qui avaient partagé les travaux de sa vie et qui ne l'avaient pas abandonné jusqu'aux frontières de la mort. Il console par de tendres paroles le serviteur fidèle blessé à ses côtés; à deux reprises il envoie s'informer des représentants courageux qui l'avaient si noblement contraint à se laisser accompagner et qui sont retenus captifs (1). Enfin, il songe à lui-même aussi; mais quel sera, croyez-vous, le soin dont il va s'occuper? Laissera-t-il échapper un regret? témoignera-t-il au moins quelque désir de prolonger une vie assez utile et assez honorée? Non, chrétiens; tout ce qu'il demande, c'est qu'*on prie pour que sa mort soit sainte*. Cherchera-t-il quelque consolation dans la pensée de l'héroïsme qui couronne si bien son dernier jour? Va-t-il se retourner des portes du sépulcre pour entrevoir sur la terre quelques traces d'une glorieuse mémoire? Non; il n'a fait que son devoir, il n'est pas juste qu'on l'exalte : « *On me donnera peut-être après ma mort*, dit-il, *des éloges que j'ai peu mérités.* » Admirable parole! désintéressée comme sa vie, sublime comme son martyre! Mais quoi donc enfin, chrétiens, que fait-il pour lui-même? Il s'accuse de ses péchés à un prêtre, il reçoit dans l'eucharis-

---

(1) M. Druet des Vauls, représentant de l'Orne, et M. Larrabit, représentant de l'Yonne.

tie le modèle de tous les bons pasteurs, celui qui a le premier donné sa vie pour ses brebis ; et, se trouvant de plus en plus sanctifié dans l'adorable union de ces embrassements, il s'offre avec plus d'ardeur que jamais pour le salut public. « Recevez tout ce sang, ô mon Dieu ! et puis ayez pitié, ayez pitié de votre peuple ; que ce soit le dernier versé. »

Enfin, tout est consommé : le calme va renaître au sein de la cité, et le pontife remonte dans le ciel pour rendre compte à Dieu de sa mission. « Cette mort, *dans son auguste appareil*, selon le mot de saint Grégoire de Nazianze, *avait l'air d'une cérémonie sacrée* (1). » Le lieu où vient de s'achever l'immolation est véritablement pareil à un sanctuaire ; on se prosterne aux pieds du lit funèbre avec une vénération où se mêle presque un besoin de culte; on *s'adresse le secret reproche de plaindre une fin si belle* (2), et bientôt, la main étendue sur ses restes sacrés, le clergé de Paris jurait de continuer son amour, et de se dévouer aussi jusqu'à la mort !

« *C'est ainsi qu'il a quitté la vie, laissant à tout son peuple un immortel exemple de force et de vertu* (3) ! *Hoc modo vitâ decessit.* » Voilà comment, dans ce sacrifice de l'archevêque de Paris, se sont alliées les magnificences de la charité et celles de la foi !

---

(1) Saint Grégoire de Nazianze, Éloge funèbre de sa sœur, sainte Gorgonie.
(2) Id., *ibid.*
(3) Deuxième liv. des Mach., 6.

voilà sous quelle image la religion et le sacerdoce viennent de se présenter à la France!

Ah! maintenant, au nom du ciel et sur ces reliques saintes, je vous adjure, dites-moi: Que peut faire de plus le sacerdoce pour l'ordre et la paix? que reste-t-il après qu'on a donné sa vie? est-ce que dans notre passé de dix-huit siècles vous nous trouveriez quelques torts? avez-vous peut-être aussi, dans le présent, pour nous quelques reproches? est-ce que nous ne vous avons point assez aimés? nos dévouements n'ont-ils pas été assez généreux! ne sommes-nous pas entrés avec une sollicitude assez tendre dans votre vie, dans vos besoins, dans vos légitimes désirs? Eh bien, ne discutons pas. Que ce sang soit entre vous et nous! Suffira-t-il pour l'expiation du passé? Le voulez-vous ainsi? Eh bien, nous, à l'avenir, par la vertu de ce même sang, nous serons meilleurs et plus saints; nous ranimerons dans notre cœur le feu sacré et la grâce de notre ordination: nous nous souviendrons qu'alors, étendus comme pour nos funérailles, sur le pavé du sanctuaire, nous avons juré de mourir à nous-mêmes, et de vivre uniquement pour vous, à qui Dieu venait de nous donner. Ce fut notre serment. Plus que jamais nous y serons fidèles. Que ce soit là le fruit sacré des bénédictions du martyr! et puisse la patrie retrouver éternellement dans le sacerdoce ces grandeurs de la religion qu'elle a saluées avec un si noble enthousiasme dans le sacrifice de l'archevêque de Paris!

Que si la patrie a reconnu dans ce sacrifice les grandeurs de la religion, la religion, de son côté, s'y est plus solennellement unie aux destinées et aux grandeurs de la patrie.

Comme on trouve le sacrifice à la source du christianisme, on le trouve pareillement à la naissance des grandes choses de l'humanité. Toutes les créations qui ont honoré le génie de l'homme, toutes les institutions qui sont restées avec quelque puissance, tous les empires qui devaient occuper une importante place dans l'espace et dans la durée, toutes ces grandeurs ont du sang à leurs racines, et c'est toujours dans un sol fécondé par le sacrifice qu'elles ont pris la séve qui les a fait monter avec tant de vigueur. Mais il vient de se présenter à nos jours avec un caractère particulièrement digne de nos méditations. Cet homme désarmé qui tombe dans un acte de charité sublime, ce pontife de Dieu qui meurt enseveli dans le triomphe de la foi ; cette grande figure qui exprime le sacrifice pacifique et le règne de la pensée divine, a, par-dessus toutes les autres, une signification mystérieuse ; elle semble placée à l'entrée des temps nouveaux tout exprès pour en prophétiser le caractère, et leur donner la force dont ils ont besoin pour durer.

Comprenons bien, Messieurs, le sens des temps nouveaux. Les sociétés du paganisme étaient enfermées dans un cercle de magnificences terrestres : elles avaient pour but la domination ; elles étaient organisées pour la guerre ; leurs moyens étaient dans la force, et, ce qu'il leur fallait avant tout, c'était d'élever les hommes pour la conquête comme on dresse les dogues pour le combat ou un coursier pour les batailles. Le Christ a fait entrer les sociétés dans une voie nouvelle; il a ouvert devant elles les magnificences de l'âme; il les a montées, non plus pour être des machines de guerre, mais des moyens puissants de civilisation paisible, d'honneur et de sagesse; il leur a dit de marcher toujours devant elles, d'aller, d'aller encore dans la vérité, dans la justice et dans la charité. Les temps nouveaux ne peuvent être qu'un pas avancé dans cette voie sublime; ils ne peuvent être la destruction du passé, mais sa continuation agrandie, comme l'âge mûr est la continuation de la vie; et ce qui s'élève sous nos yeux, s'il doit être fidèle à ses destinées, s'il veut se produire dans le respect de Dieu et de l'humanité, s'il veut vivre, en un mot et durer, ne peut être qu'un développement harmonieux des peuples dans la dignité, la paix, l'amour universel.

Tel est le caractère des temps nouveaux. Mais avez-vous bien entendu quel esprit doit animer le monde pour qu'il puisse se déployer à l'aise dans cette magnifique ordonnance, et refléter dans sa physionomie tant de noblesse et de beauté? Regardez la grande victime qui tombe désarmée à la porte du nouvel édifice; que vous annonce-t-elle? Le sacrifice pacifique de ses intérêts propres aux intérêts de tous, la souveraineté de l'âme, toujours maîtresse d'elle-même quand il s'agit d'accomplir un devoir.

Eh bien, elle a prophétisé; le sacrifice pacifique de

soi-même au devoir, voilà, Messieurs, l'indispensable condition de ce dernier progrès du monde.

Vous serez puissants et glorieux quand vous serez unis en frères dans le respect de tous les droits, sans distinguer entre eux, faisant une égale part à la justice comme à la charité, et mettant en pratique ce précepte excellent du Sauveur : « Ce que vous voudriez qui vous fût fait par les autres, faites-le vous-mêmes pour eux (1). » Vous serez puissants et glorieux quand vous donnerez à l'univers le plus digne de tous les spectacles, celui d'un grand peuple travaillant librement à vaincre ses passions, à les ployer par sa volonté propre sous le joug de l'ordre et du devoir ; vous serez puissants et glorieux quand l'égalité parmi vous ne sera que le droit du mérite sans être invoquée jamais comme une consécration de l'orgueil, quand vous lui donnerez son contre-poids et sa règle dans un juste jugement de vous-mêmes et des autres, dans l'humilité, pour dire le vrai mot, l'humilité qui n'a pas d'éclat, je l'avoue, mais qui porte les sociétés cependant comme d'obscurs et souterrains fondements portent cette cathédrale, c'est-à-dire que vous serez puissants et glorieux à mesure que chacun de vous aura plus de courage pour immoler les injustes prétentions de son égoïsme au bien général, à l'intérêt de tous.

L'âme des temps nouveaux, Messieurs, le secret de leurs destinées, c'est donc le sacrifice pacifique ! Voilà

---

(1) Omnia... quæcumque vultis ut faciant vobis homines, et vos facite illis. S. Matth., c. 7.

pourquoi, à la base qui les doit soutenir, Dieu n'a pas mis ces dévouements farouches des Décius et des Brutus qui ont des airs de crimes : c'était le symbole de la force brutale, instrument de Rome pour la domination. Il y a mis un homme désarmé qui tombe dans un acte de charité sublime, symbole de la force morale, instrument du Christ pour les progrès du monde.

Mais cet homme qui tombe est aussi un pontife ; et quand je le vois mourir enseveli dans son triomphe, quand je vois la religion qui se lève avec tant de majesté sur sa tombe, je comprends le dessein de Dieu, qui l'envoie au secours de notre âge pour lui donner la seule force capable de soutenir l'esprit de sacrifice.

Est-ce donc, Messieurs, que la société moderne avait en elle cette force indispensable à sa transformation? Ne craignons pas de dire tout haut la vérité; il en coûte peu de confesser quelques infirmités quand on possède, pour les réparer, ces immenses ressources d'énergie qui ne peuvent tout au plus que sommeiller dans le cœur de la France. Que devenait la société dans cet abaissement des dernières années? où était la force? où était la puissance? où s'était réfugiée la mâle vigueur du sacrifice? Qui ne se sentait pas faiblir dans ce relâchement d'une mollesse devenue presque générale? Est-ce l'air qui manquait aux poitrines? Je ne sais; mais il fut une heure où on aurait eu peine à reconnaître, dans une partie de la France, le vrai sang de ce glorieux peuple le fils aîné du Christ! Pauvres et riches étaient atteints, la défaillance gagnait dans tous les rangs; et si les uns étaient trop occupés de jouir, les autres étaient trop épris des désirs de la jouissance; on aurait cru voir se produire au milieu de nous comme une apparition de ces Romains de la décadence que saint Augustin a dénoncés à la postérité par ce langage qu'il leur met à la bouche : « Et que nous fait à nous ce « qu'on se plaît à nommer l'abaissement, la honte de « l'empire! Une chose seulement nous importe : c'est « que chacun puisse augmenter ses richesses pour suf- « fire aux prodigalités du luxe... Qu'on n'ordonne rien « de pénible, qu'on ne défende rien d'impur... que « les gouvernements ne s'inquiètent pas de la vertu des « peuples, mais seulement de leur tranquillité... que « les plaisirs abondent! Partout des palais somptueux! « partout de splendides festins!... partout le bruit de « la danse! partout les frémissements d'une joie disso- « lue! Que celui-là soit traité en ennemi public, à qui « une telle félicité déplaît! Qu'il n'y ait de divinité vé- « ritable que celle qui l'autorise et la protége! A cette « condition, qu'on la comble d'honneurs (1) ! » Ah! certes, grâce au ciel nous n'étions pas venus à ces abîmes; mais au travers de nos gloires chrétiennes, qui n'aurait cru voir déjà paraître comme un insolent pronostic de cette décadence païenne? Cependant la vie du monde ne pouvait demeurer suspendue; l'égoïsme, qui se mettait comme une barrière sur le chemin de l'ave-

(1) Saint Augustin, de la Cité de Dieu, liv. 2ᵉ.

nir, ne devait pas rester vainqueur; la Providence ne l'aurait pas voulu; elle veillait comme toujours sur la race des Francs, elle avait encore de grandes choses à faire par leurs mains dans le monde. Elle permet donc qu'ils soient tout à coup réveillés au bruit d'une tempête. Tous les établissements de la terre, depuis les palais jusqu'aux plus modestes demeures, tremblent sur leurs fondements et paraissent vouloir chanceler; le sol même se soulève et s'agite comme s'il allait échapper aux mains de ses possesseurs et s'engloutir avec eux dans un gouffre; des doctrines inouïes, sorties de cerveaux malades, retentissent comme un cri de barbares et osent braver la civilisation jusque dans son plus beau sanctuaire; il n'y a plus d'harmonie que celle des sanglots, plus de luxe que celui de la mort. Ah! ne prenez pas ces calamités pour une prédiction sinistre! Ce n'est pas ici la main mystérieuse du festin de Balthasar écrivant un arrêt que rien ne doit changer. Il n'y a pas ici d'arrêt! il n'y a pas de condamnation! il n'y a qu'un avertissement! C'est l'usage que Dieu fait des douleurs; il les tient sous sa main au réservoir commun des ouragans, pour les lâcher quelquefois dans sa miséricorde quand il veut purifier le monde.

Mais ne croyez pas qu'elles suffisent seules pour relever l'énergie des âmes! Que ne peuvent sur le cœur de l'homme les enchantements de la vanité, le charme de sentir? Voyez : Rome vient à peine de tomber au pouvoir des barbares, et déjà les fils dégénérés de ces anciens triomphateurs de l'univers, chassés de leurs palais, meurtris, humiliés, s'en vont indigner Carthage du scandale de leurs dissolutions. « La prospérité vous avait dépravés, leur dit saint Augustin, et l'adversité vous trouve incorrigibles... vous avez perdu le prix de vos calamités... vous êtes devenus plus misérables sans devenir meilleurs (1). »

Non, pour que les douleurs soient bonnes et servent efficacement à retremper les caractères, il faut que l'âme, éclairée sur le néant de ce monde, cesse d'y enfermer ses désirs, qu'elle regarde en haut ce qui est toujours serein, toujours sûr, à l'abri des orages, qu'elle aille s'exercer dans la contemplation des réalités éternelles à n'estimer que leur juste prix les ombres de la terre; il faut qu'elle embrasse le Christ et se laisse emporter dans son vol incessant et majestueux jusqu'aux splendeurs du ciel!

Ainsi, Messieurs, cette force robuste de l'âme qui fait embrasser avec joie le devoir et le sacrifice, cette force qui fonde les empires, peut s'éveiller dans les calamités, mais elle ne peut s'affermir et s'accroître que par la religion : la Providence a voulu nous en avertir; et à l'entrée des temps nouveaux, pour nous apporter le prix de nos larmes et nous donner un gage d'avenir, elle a envoyé cette fille du ciel sous les traits glorieux d'un pontife martyr et lui a fait un trône sur sa tombe.

Oh! puisse cet enseignement ne pas être stérile!

---

(1) Cité de Dieu, liv. 1er.

Unissons-nous pour appuyer sur le christianisme les destins de la France! O Jérusalem! si Dieu t'a fait voir des martyrs, que leur sang ne soit pas perdu! tu connais maintenant les *choses qui peuvent te donner la paix! quæ ad pacem tibi!* n'oblige pas le Fils de l'homme à *verser des larmes sur toi* (1)*!*

Voilà donc enfin, Messieurs, ce que veut dire ce dévouement de l'archevêque de Paris! voilà par quels liens il unit la religion et la patrie! Aussi toutes les deux ont accueilli ce sacrifice dans un enthousiasme d'amour et de respect, elles ont senti par un tressaillement divin ce qu'il avait de mystérieux, de prophétique pour l'avenir du monde!

Dans toutes les églises de France et jusqu'aux extrémités de l'Europe, la religion a compris qu'elle venait d'être affermie dans le respect des peuples; les évêques, du haut de leurs siéges, ont proclamé cette nouvelle manière d'instructions pastorales; quelques-uns, se souvenant de l'usage primitif des chrétiens, ont interrompu la célébration des saints mystères pour réciter aux fidèles attendris les actes du nouveau martyr (2). La cité reine de l'univers chrétien, au premier bruit de cette glorieuse nouvelle, s'est levée à son tour. Le vicaire du Christ qui bénit la ville et le monde a voulu bénir aussi d'un personnel hommage cette noble mémoire. C'est un gage de plus qu'il a donné aux

---

(1) Videns civitatem, flevit super illam. Saint Luc, 19.
(2) Cela s'est fait dans une église de Hollande par les ordres de Mgr Wykerlost, évêque de Curium.

temps nouveaux, et une autre preuve de son immortelle affection pour l'Église de France !

Et la patrie ! oh ! la patrie aussi s'est émue devant le pontife martyr ! Nous aurions mille voix que nous n'aurions jamais dit assez à notre gré tous les sentiments qui ont alors inondé notre cœur. Il y a là, soyez-en sûrs, quelque chose qui ne sort pas de l'homme, qui ne retourne pas à l'homme, mais qui vient de Dieu et s'adresse à la religion même. Nous avons vu la reconnaissance publique lui rendre des honneurs tels que n'en reçut jamais un fondateur d'empire, que jamais, aux temps les plus heureux de leur puissance, n'en reçurent les rois ; car c'était l'hommage spontané, l'expression libre du cœur de tout un peuple. On accourait à la chapelle ardente où le martyr, dans ses vêtements de pontife, ayant d'un côté sa croix, de l'autre son bâton de pasteur, semblait occupé encore du sacrifice. Tout Paris se pressait à l'entour. On voulait le contempler une dernière fois, pour en garder au cœur une immortelle image. On venait s'animer au courage, au pardon des injures, à l'oubli des douleurs près de celui qui parlait de toutes les vertus avec l'autorité du sang du sacerdoce et de la tombe. Il était éloquent comme Dieu même dans la majesté de l'éternel silence. Ce corps, sanctuaire en ruines maintenant, mais où avait séjourné l'esprit de Dieu et qu'avait gouverné une grande âme, devait exhaler sans doute, comme le corps des apôtres, une vertu secrète capable de guérir toutes les plaies du cœur et de consoler les maux de la patrie ; on s'empressait pour la recueillir, on en voulait pour soi, pour ses amis, pour sa famille; on emportait jusqu'à la poussière qui avait eu l'honneur de toucher les pieds du martyr.

Le convoi ressemblait à une marche triomphale. L'église de Paris fêtait ce même jour (1) la mémoire de saint Thomas, cet illustre prélat d'Angleterre, qui était mort martyr après avoir invoqué saint Denis; cet archevêque de Cantorbéry, couronné de son auréole, attendait aux portes de Notre-Dame l'archevêque de Paris, l'héritier du siége et du nom de Denis, qui de son côté la mitre en tête, orné comme pour la plus belle de ses solennités, s'avançait à pas lents et revenait à sa cathédrale pour en prendre possession une dernière fois. Il y rentrait avec une dignité éternelle. Jamais, dans le cours de son pontificat, il n'avait présidé une cérémonie qui pût égaler cette pompe. Il y en avait moins à Césarée aux funérailles de saint Basile, dont saint Grégoire de Nazianze nous fait un si admirable récit. On aurait cru assister à l'une de ces grandes translations de reliques qui remuaient le monde au quatrième siècle, qui transportaient l'Europe au moyen âge.

Il était sur son trône funèbre: des officiers de la garde nationale et de l'armée, jaloux de lui donner un dernier repos sur de nobles poitrines, avaient exigé pour eux l'honneur de le porter; Rome, l'Assemblée nationale et

---

(1) 7 juillet, jour des funérailles de Mgr l'archevêque de Paris.

6.

le gouvernement, l'épiscopat, la magistrature, la garde nationale, l'armée, la garde mobile, les blessés de février, tout le sacerdoce de France, par leurs nombreux représentants, composaient son cortége (1). Il avait achevé son sacrifice pour la patrie et pour la religion, la patrie et la religion le ramenaient à sa demeure ; il avait l'air d'étendre encore la main pour bénir une fois de plus son pays et les temps nouveaux ; ses paroles suprêmes, portées sur des bannières, s'élevaient par-dessus les flots de la foule attendrie et déployaient en l'air quatre pages de son immortel testament ; et plût à Dieu que tout mon discours eût la moindre part de ce qu'elles avaient d'éloquence ! Tous les cœurs frémissaient d'admiration, de regrets, d'espérance. Chacun voulait vénérer de plus près l'ami de Dieu, le toucher une dernière fois, et consacrer un souvenir. Il fallait suspendre la marche du cortége pour favoriser cet élan de la foi, de la piété, de l'honneur. Les militaires de toutes armes et de tous grades se montraient les plus empressés. Ces âmes intrépides étaient émues de l'héroïsme, ces âmes généreuses, toujours prêtes au devoir, saluaient le ministre de Dieu, le repré-

(1) Dans le nombre de ceux qui assistèrent à l'office, on remarquait : Mgr Fornari, archevêque de Nicée, nonce du Pape ; le général Cavaignac, chef du pouvoir exécutif ; M. Marie, président de l'Assemblée nationale ; M. Bastide, ministre des affaires étrangères ; M. de Vaulabelle, ministre de l'instruction publique et des cultes ; M. Carnot ; M. Armand Marrast, maire de Paris ; une foule d'illustres membres de l'Assemblée nationale, de la magistrature et de l'armée ; puis les ambassadeurs de Sardaigne, d'Autriche et d'Angleterre.

sentant du devoir ; les drapeaux s'inclinaient sur le front du martyr, les épées se pressaient sur sa poitrine sainte. Ah ! ces drapeaux bénis porteront en tous lieux la victoire, ces épées seront invincibles ! O France ! crois à tes destinées, que garantissent de si beaux sentiments et qui sont défendues par des armes si bien trempées dans la grâce et dans le martyre !

Vous deviez être consolé, bon pasteur, par ce dernier regard qui tombait sur votre troupeau ! N'était-ce pas ainsi que vous l'aviez voulu ! Voyez, *la paix est avec eux déjà !* vous les avez unis, et tous jurent dans leur âme d'accomplir vos volontés dernières !

Entrez satisfait maintenant dans la compagnie de vos prédécesseurs ! La France inaugure pour vous l'immortalité d'un nouveau sacerdoce ; elle sait tout le pouvoir des âmes saintes pour le bonheur des pauvres habitants de la terre ; elle vous reconnaît une grâce supérieure, parce que vous avez eu la triple couronne de la science, de la charité et du martyre ; vous serez toujours son pontife ! Elle s'était mise une première fois sous votre protection en se glorifiant, à la face du monde, de *votre dévouement saintement héroïque* (1); elle veut assurer le même avantage aux générations les plus reculées et pour leur faire souvenir qu'elles ont au ciel le patronage d'un nouveau Denis, elle ordonne que votre image revive dans le marbre, et que vos dernières paroles retentissent éternellement sous les voûtes de votre cathédrale !

(1) Proclamation de l'Assemblée nationale du 28 juin 1848.

O père bien-aimé! si nous pleurons sur nous que vous avez laissés, nous ne pouvons pleurer sur vous, que Dieu a choisi pour un si grand dessein! Victime de paix qui deviez réconcilier par votre mort toutes les âmes, et resserrer les liens de la patrie et de la religion, Dieu vous a accordé un de ces rares honneurs qu'il dispense dans le cours des siècles à de longs intervalles. Partez dans les joies de votre âme heureuse d'un si beau sacrifice! partez dans les plus magnifiques témoignages de l'amour du ciel et du respect des hommes! partez en laissant derrière vous l'Église honorée, la patrie consolée!

O père bien-aimé! vous vivrez dans ce marbre qui vous fut consacré par la France! il ajoutera, par votre souvenir, à la majesté de ces lieux et à la religion des peuples. En venant à l'autel chaque jour répéter votre nom, vos enfants seront consolés de retrouver une image de celui qui leur fut si cher! mais surtout vous vivrez dans nos cœurs, dans le bien que vous avez fait, dans les bénédictions du monde! Nous croirons vous retrouver dans le bonheur public, dans l'ordre et la paix de ces temps nouveaux, à l'établissement desquels vous avez consacré votre vie! Quand nous les verrons croître puissants et harmonieux, nous dirons : Il est en eux, c'est son sang qui les pénètre et qui les rend féconds. Nous sentirons quelque chose de votre souffle dans chacune des respirations de la France, quelque chose de votre vie dans les battements de son cœur! Il est vrai, nous ne sommes plus avec vous;

mais la distance qui nous sépare est légère, et chaque minute qui vole nous rapproche ; en attendant, laissez-nous votre esprit comme un gage de votre protection immortelle ! envoyez-nous de là-haut ces flots de science et de sages conseils que nous recevions ici-bas de votre bouche, cette force sacrée que nous donnaient l'appui de votre bras, la sûreté de votre expérience. Soyez notre père, notre modèle et notre ami toujours. Cœur sacré de celui que nous avons tant vénéré, que nous avons aimé avec une si grave tendresse, ranimez-vous une dernière fois, ranimez-vous pour bénir toute cette assemblée.

L'illustre cardinal achèvera pour vous le divin sacrifice, nous l'offrirons longtemps encore ; mais, dans notre persuasion, vous n'en avez plus besoin. Nous vous voyons couronné de l'auréole des martyrs, assis au milieu des docteurs, et contemplant face à face la vérité de Dieu, que vous avez tant aimée sur la terre ; c'est à vous de prier pour nous.

FIN.